AGUILAS

AVES

Lynn M. Stone
Versión en español de Elsa Sands

The Rourke Corporation, Inc.
Vero Beach, Florida 32964

CREDITOS FOTOGRAFICOS

© Jeff Foott/DRK Foto: Página 7
© Chuck J. Lamphiear/DRK Foto: Página 17
© Stephen J. Krasemann/DRK Foto: Página 21
© Lynn M. Stone: todas las demás fotos

AGRADECIMIENTO

El autor desea agradecer a las siguientes personas por su
asistencia fotográfica en la preparación de este libro.
Chicago Zoological Society (Brookfield Zoo); Florida Audubon
Society; Florida's Weeki Wachee

Library of Congress Cataloging-in-Publication Data

Stone, Lynn M.
  [Eagles. Spanish]
  Aguilas / por Lynn M. Stone.
    p. cm. — (Biblioteca de descubrimiento de aves)
  Traducción de: Eagles.
  Sumario: Una introducción al ave de rapiña más grande que
puede encontrarse en todo el mundo y es el símbolo nacional
de los Estados Unidos.
  ISBN 0-86593-196-8
  1. Aguilas—literatura juvenil. (1. Aguilas. 2. Materiales en
español.) 1. De la series de: Lynn M. Stone. Biblioteca de
descubrimiento de aves.
QL696.F32S8618   1992
598.9' 16—dc20   92-8454
                                    CIP
                                    AC

TABLA DE CONTENIDO

Aguilas   5
Dónde viven   6
Cómo son   9
Las armas del águila   11
Un día en la vida del águila   14
Los nidos de las águilas   16
Aguilas bebés   19
La presa   20
Las águilas y los seres humanos   22
Glosario   23
Indice   24

AGUILAS

Las águilas son unas de las **aves de rapiña** más grandes y más poderosas. Son parientes de los halcones, los buitres y los milanos. Como sus parientes, las águilas tienen un pico en forma de gancho y **garras** filosas. Usan sus garras para matar a otros animales para comida. Estos animales son su **presa.**

Casi 60 diferentes tipos de aves cazadoras se conocen como águilas. Muchas de éstas tienen plumas que crecen hasta los dedos de las patas. Los científicos nombran "verdaderas" águilas a éstas.

El águila calva *(Haliaeetus leucocephalus)* y el águila dorada *(Aguila chrysaetos)* son las únicas águilas que normalmente se ven en Norte América.

Aguila calva

DONDE VIVEN

Las águilas viven en todos los continentes con la excepción de Antártica. Algunas clases, o **especies** de águilas viven en junglas húmedas. Otras prefieren el prado, el bosque, la costa del mar o las montañas.

El águila calva, el símbolo nacional de los Estados Unidos, vive cerca de ríos, lagos o en la costa del mar. El águila dorada vive en las montañas al Oeste de los Estados Unidos, México y Canadá. Pocas águilas doradas viven en la región Este de los Estados Unidos.

Aguila calva comiendo pescado

COMO SON

Las águilas tienen una mirada severa o de mal humor. No están enojadas de verdad. Algunas águilas ni son fieras, pero los pájaros no pueden cambiar su expresión.

El color del **plumaje,** sus plumas, depende de la especie de águila. La mayoría de las águilas son de color café o negro, a menudo con un borde decorativo blanco.

Las águilas más grandes pesan casi 30 libras. Las hembras son más grandes que los machos.

El águila dorada común mide como 35 pulgadas de largo y pesa como 12 libras. Las águilas calvas son más o menos del mismo tamaño.

Las águilas tienen alas largas y anchas. Las alas se estiran hasta ocho pies de una punta a otra en la especie más grande.

Aguila atezada
(Aguila rapax) de Africa

LAS ARMAS DEL AGUILA

Las garras del águila son fuertes y filosas. El águila muchas veces vive de lo que come y sus garras son sus armas.

Muchas águilas, incluyendo la calva y dorada, ven a su presa desde muy alto en el cielo. Ellas caen por el aire con sus garras estiradas y atacan a su presa como un martillo.

El pico de un águila es fuerte y filoso también. El águila usa su pico para cortar, recortar y despedazar su presa mientras la sostiene con sus garras.

Las garras y las patas del águila calva

Aguila calva

UN DIA EN LA VIDA DEL AGUILA

Nadie sabe cómo cada clase de águila pasa sus días. Muchas águilas viajan largas distancias y viven en lugares difíciles de alcanzar. Es difícil observar las águilas salvajes.

Sin embargo, los científicos han observado las águilas calvas. Usualmente cazan su comida después del amanecer si tienen hambre. Si no, se posan en una rama y se limpian sus plumas. El águila calva llama kik-kik-kik si lo molestan.

Más tarde en el día, es posible que el águila vuele. A veces caza, y otras veces se remonta en corrientes de aire llamadas **termales.**

Antes del anochecer, el águila vuelve a su lugar de descanso. Este lugar es una rama donde el águila pasa la noche. Se diferencian de los búhos en que las águilas son activas solamente durante el día.

Aguila calva con un pescado

LOS NIDOS DE LAS AGUILAS

Muchas águilas construyen nidos enormes y macizos en los árboles o en las peñas. El águila atezada *(Aguila rapax)* a veces anida en la tierra.

El águila calva, la dorada, y otras especies de águilas grandes se quedan con su pareja por vida. Cada año la pareja vuelve al mismo nido y le agrega más material al nido, principalmente palos. Un nido viejo de águila, construído en un período de muchos años, puede pesar varias centenas de libras.

Doris Mager quien se conoce en Florida como la "Señora Aguila," en una ocasión pasó varios días sentada en un nido enorme de águila calva. La atención que ella recibió sirvió para que el público se preocupara de las águilas de América.

Aguila dorada bebé en el nido

AGUILAS BEBES

Algunas clases de águila sólo ponen un huevo. Otras ponen dos o tres. La hembra del águila se encarga de casi toda la incubación, o el sentarse en los huevos para mantenerlos calientes. Los huevos empollan en seis o siete semanas después que se ponen. Mientras tanto, el macho del águila le trae comida a la hembra.

Aguilas bebés, llamadas aguilitas, son indefensas. Dependen de sus padres para comida y para la sombra que los protege del sol. En muchos nidos de águilas, el polluelo mayor se come al menor.

Un águila crece rápido. Después de 10 u 11 semanas en el nido, empieza a volar.

Un águila salvaje puede vivir 20 años o más. Las águilas en los zoológicos a menudo alcanzan la edad de 40.

Aguila calva, joven adulto

LA PRESA

Las águilas son las **aves de rapiña** más poderosas en la tierra. Animales de rapiña son aquellos que cazan y matan a otros animales para su comida.

Las águilas tienen la vista aguda para encontrar su presa y una fuerza asombrosa para matarlas. Las águilas pueden matar animales que pesan tres o cuatro veces más que ellas, aunque rara vez lo hacen. Las águilas también comen animales que ya están muertos.

La mayoría de las águilas comen una variedad de animales. El águila calva, por ejemplo, come patos, negretas, peces y muchos otros animales. El águila Bataleur *(Terathopius eucaudatus)* de Africa tiene una dieta más especializada. El Bataleur es una de las águilas que se come culebras.

Aguila pescadora africana
(Haliaeetus vocifer)

LAS AGUILAS Y LOS SERES HUMANOS

El tamaño, la fuerza y la belleza del águila ha causado que sea un ave muy popular. Pero también su tamaño le ha traído problemas. La gente ha matado las águilas simplemente porque son objetivos grandes. Los rancheros han destruído las águilas porque creen que las águilas matan sus ovejas y sus becerros. La verdad es que las águilas rara vez matan animales de la granja.

El problema más grande del águila es poder encontrar un lugar para vivir. El **hábitat,** o lugar donde vive, de las águilas se está achicando cuando la gente corta bosques para edificar nuevos pueblos.

Si salvamos el hábitat de las águilas podemos salvar estas grandiosas aves de rapiña.

GLOSARIO

Descanso, lugar de—el lugar donde un pájaro va para descansar, tal como una rama

Especie—un grupo o clase de animales

Garras—uñas largas en forma de gancho en las patas de las aves de rapiña

Hábitat—el área donde vive un animal

Incubar—mantener caliente a los huevos hasta que empollan

Plumaje—las plumas que cubren a un pájaro

Presa—un animal que es cazado por otro

Rapiña, aves de—pájaros que comen a otros animales y que tienen sus picos en forma de granchos

Termal—una corriente de aire que sube, ayudando a los pájaros a que remonten en el aire

INDICE

Bebés   19
Comida   5, 20
Descanso, lugar de   14
Edad   19
Especies   5, 6
Fuerza   5, 20
Garras   5, 11
Hábitat   6, 22
Huevos   19
Incubación   19
Largor   9
Mager, Doris   16
Nidos   16
Ojos   11

Peso   9
Pico   5, 11
Plumaje   9
Plumas   9
Presa   5, 20
Rapiña, aves de   5
Rancheros   22
Vista   11, 20
Voz   14
Vuelo   11, 14